AF335773

LES EMPLOYÉS.

LES EMPLOYÉS,

COMÉDIE-VAUDEVILLE

EN UN ACTE,

Par MM. FRANCIS et MAURICE,

Représenté, pour la première fois, sur le Théâtre des Nouveautés, le 23 Août 1828.

PRIX : 1 F 50 C.

PARIS,

CHEZ L'ÉDITEUR,

MÊME BOULEVART, N° 2, THÉATRE DE L'AMBIGU.

ET CHEZ BEZOU, LIBRAIRE,

BOULEVART SAINT-MARTIN, N° 29;

1828.

PERSONNAGES.   **ACTEURS.**

SOUPLET, secrétaire général............... M. ALBERT.

Mad. SOUPLET, sa femme........... Mme GÉNOT.

JOSÉPHINE, leur nièce.............. Mlle LAURENCE.

LEGRAS, sous-chef................... M. BOUFFÉ.

DROUIN, marchand de bois, oncle d'Auguste. M. ROGY.

JULES, caissier de l'administration..... M. GUÉNÉE.

CHARLES,

ACHILLE,

FRÉDÉRIC,   } Employés.

LÉON,

AUGUSTE......................... M. ARMAND.

ANTOINE......................... M. ÉMILE.

PSUSIEURS DOMESTIQUES.

Vu au Ministère de l'Intérieur, conformément à la décision de son Excellence, en date de ce jour.

Paris, le   août 1828.

Par ordre de Son Excellence,

Le Chef du Bureau des Théâtres,

COUPART.

Imprimerie de DAVID, boulevart Poissonnière, n° 6.

LES EMPLOYÉS,
COMÉDIE-VAUDEVILLE.

Le théâtre représente le bureau du sous-chef : à gauche du spectateur, un bureau où le surnuméraire vient travailler ; un chapeau est accroché au-dessus ; une porte est tout contre : on lit une inscription : *Caisse* ; en face, est la place du sous-chef, et la porte du cabinet du secrétaire général ; on y lit : *Cabinet du secrétaire général* ; dans le fond, plusieurs tables, avec tout ce qu'il faut pour écrire. Au lever Antoine arrive.

SCÈNE PREMIÈRE.
ANTOINE, puis AUGUSTE.

ANTOINE.

Déjà le surnuméraire en fonction ? Je n'en ai jamais vu d'aussi intrépide, depuis trente ans que je cours les administrations, les agences, les ministères en qualité de garçon de bureau. Trente ans de service ! et je suis toujours au même grade, sur le premier bâton de l'échelle administrative... c'est là que je me cramponne.

AIR *de la Robe et des Bottes.*

J'en vois monter avec audace,
Au risque de se casser l'cou,
Et je m'dis, tranquille à ma place,
Celui qui les suit est bien fou.
D'les voir grimper je me console,
Car, à peine au premier emploi,
Celui qui montait dégringole,
Et se r'trouve en bas avec moi.

Il y a de mon côté économie de chemin.

AUGUSTE, *qui arrive, apercevant Antoine.*

Ah ! le voilà enfin, Antoine ! tu sais bien que l'ordre nouveau est de venir à huit heures et demie.

ANTOINE, *tirant sa montre.*

Eh bien ! quelle heure est-il ?

AUGUSTE, *regardant.*

Dix heures vingt-cinq.

ANTOINE.

Et les cinq quarts-d'heure de grâce, il me semble que cela fait bien le compte... Vous ne vous formerez donc

jamais ?... vous avez pourtant de bons modèles devant les
yeux. D'abord M. Souplet, notre nouveau secrétaire-général ; je le vois bientôt directeur... c'est un homme qui
marche sans que rien ne l'arrète, sans qu'il paraisse se
donner le moindre mouvement. Il ne dit rien, ne fait rien,
il va, vient, se promène, et il monte toujours... Et M. Legras, le sous-chef, il ne se tue pas, celui-là... Il passe
pour avoir la plus belle main de l'administration, mais personne n'a encore vu un mot de son écriture.

AUGUSTE.

Tu me fais penser que son travail n'est pas encore achevé.

ANTOINE.

Voilà encore des vôtres ! vous êtes bien bon de faire ainsi
la besogne de tout le monde. Ce monsieur Legras abuse
réellement de votre complaisance.... Ah! vous avez bon
courage, l'ambition...

AUGUSTE, *soupirant.*

Ce n'est point le motif qui me retient ici, et sans la nièce
de M. Souplet, mademoiselle Joséphine...

ANTOINE.

Mademoiselle Joséphine !.... vous en êtes amoureux.
Vous allez la revoir, je l'ai ramenée ce matin de sa pension.

AUGUSTE.

Comment ! elle est ici ?

ANTOINE.

Et peut-être, au premier moment, dans ce bureau. Car,
depuis peu, M. Souplet a obtenu, comme secrétaire-général, un logement à l'administration ; la seconde division,
dont vous faites partie, semble appartenir entièrement à
madame Souplet et à sa nièce; ces dames disposent de nous
autres jeunes gens comme elles l'entendent.

AUGUSTE.

C'est bien naturel, c'est à madame Souplet que je dois
ma place.

ANTOINE.

Croyez-vous que son mari consente jamais à accorder sa
nièce à un simple surnuméraire ?

AUGUSTE.

Si le travail que m'a confié M. Legras réussit, il y a une
place de chef vacante.

ANTOINE.

Elle est pour...

AUGUSTE.

M. Legras, naturellement. Mais sa reconnaissance me

5

fait passer aux appointemens... Oh ! quand je tiendrai ma nomination ! quel beau jour !... Conçois-tu mon bonheur ?

ANTOINE.

Si je le conçois !

AUGUSTE.

Non, mon pauvre Antoine, tu ne peux pas le comprendre. Je dépouille la timidité de surnuméraire, j'avoue à M. Souplet mon amour pour sa nièce ; il m'accueille, je me marie.

AIR : *Ma Toinon, prends un hazard.*

Protégé, bientôt j'avance,
Je travaille avec ardeur ;
Audacieux, je m'élance
Dans le char de la faveur.
On me verra, sans nul doute,
Aux amis tendre la main :
C'est pour leur frayer la route
Que je veux faire mon chemin.
    Quel plaisir !   *bis*
Ah ! pour moi, quel avenir !

SCÈNE II.

LES PRÉCÉDENS, JOSÉPHINE.

(Joséphine sort du cabinet de M. Souplet.)

ANTOINE.

Voici mademoiselle Joséphine.

JOSÉPHINE.

Antoine, ma tante vous prie de ne pas vous éloigner. Elle a soirée aujourd'hui, elle compte sur vous pour diriger le buffet.

ANTOINE.

Je suis tout à ses ordres.

JOSÉPHINE, *à Auguste, qui s'approche et la salue.*

Eh bien ! monsieur Auguste, avez-vous terminé les proverbes que ma tante vous a demandé pour ce soir ?

AUGUSTE.

Oui. Mademoiselle.

JOÉPHINE.

Et vous êtes content de votre ouvrage ?

AUGUSTE.

Comme un auteur, Mademoiselle, toujours enchanté jusqu'à la première représentation, inclusivement... J'ai mis dans la pièce tout le luxe que comporte le genre à la mode... Dix-huit tableaux en quinze scènes !...

JOSÉPHINE

Et mon rôle?

AUGUSTE.

Pouvais-je l'oublier?

AIR : *Restez, restez troupe jolie.*

Ce qui me charme dans l'ouvrage,
C'est que nous y jouons tous deux:
Pour bien remplir mon personnage,
J'ai pris le rôle d'amoureux,
Et tout vient sourire à mes vœux.
Enfin, pour prix de ma tendresse,
Je vous épouse en terminant:
Mais je crains, hélas! que la pièce
N'aille pas jusqu'au dénouement.

JOSÉPHINE.

Plus de confiance, M. Auguste, ma tante est de notre
parti, et mon oncle aura beau faire de l'opposition, nous
sommes trois contre lui, nous avons majorité.
(On entend la ritournelle du chœur suivant.)

ANTOINE.

Voici tous ces messieurs.

JOSÉPHINE.

Adieu, M. Auguste, n'oubliez pas le proverbe.
(Elle sort sur la ritournelle.)

SCÈNE III.

AUGUSTE, ANTOINE, CHARLES, ACHILLE, FRÉDÉRIC, LÉON, JULES.

CHŒUR.

AIR *de la Bergère châtelaine.*

Amis, vive les emplois,
Quand nous voyons s'ouvrir la caisse :
Nous sautons tous à la baisse,
C'est aujourd'hui la fin du mois.

CHARLES.

Bonjour, Antoine.

ANTOINE.

Ah! c'est vous, M. Charles! excusez, je ne vous recon-
naissez pas... On ne vous voit que douze fois par an. Et
M. Achille. il est remis de son entorse; et votre bras,
M. Léon, va-t-il mieux? le rhumatisme?...Oh les v'là tous
guéris... aujourd'hui, mais demain recommencera le chapitre des excuses.

AIR : *Je loge au quatrième étage.*

> L'un est témoin a la mairie,
> L'autr' dit qu'on baptis' son enfant;
> L'un assure qu'il se marie,
> L'autre, qu'il est d'un enterrement.
> Ces Messieurs ne mentent pas tout d'même,
> Quatre services ont bien lieu :
> Mariage, enterr'ment, baptême,
> Tout ça se fait au Cadran bleu.

ACHILLE.

Il est original! Antoine, ne bouge pas, je vais te croquer.

(Il prend une feuille de papier, un crayon, et dessine Antoine.)

JULES.

Dis donc, Frédéric, je tiens enfin le nouveau quadrille.

ANTOINE.

Voilà le caissier dans ses entrechats, maintenant... Il vous passe aussi facilement un quatre dans une contredanse que dans une addition.

LÉON, *à Jules.*

Quand tu auras fini tes ronds de jambes et tes pirouettes, tu ouvriras peut-être la caisse.

JULES.

Je suis à vous .. (*Il va au bureau d'Auguste.*) As-tu préparé la feuille ?

AUGUSTE, *avec humeur.*

Elle sera prête dans un instant... Un travail pressé pour M. Legras...

JULES.

Ces surnuméraires sont toujours de mauvaise humeur les trente-un... Avec son M. Legras, un fier original... Je vais vous faire sa charge.

TOUS.

Ah! oui; voyons !

JULES , *imitant Legras.*

Eh ! bien, mon cher Jules, qu'est-ce que vous nous direz de neuf?... Connaissez-vous quelque nouveau restaurant? croyez-vous que les frères Provençeaux aient véritablement du Lafite en cave ?... Ouf!... que je suis fatigué!

TOUS, *riant.*

Oh! c'est çà ! que c'est çà !

LÉON.

V'là le sous-chef !

JULES.

Avertissez-donc, au moins... ils sont-là qui me laissent
me compromettre!

SCÈNE IV.

LES PRÉCÉDENS, LEGRAS.

LEGRAS, *s'asseyant.*

Ouf, je n'en puis plus!... bonjour, bonjour, Messieurs.
(*Bas à Jules.*) Dites-moi donc, Jules, je vous joue un
bol de Punch.

JULES.

Un jour de paiement!... y pensez-vous?

LEGRAS.

Ah! c'est juste! avez-vous vu notre nouveau secrétaire-
général, M. Souplet, étonnant, ma parole d'honneur!....
Depuis sa nomination, il est grandi de six pouces.... il
m'accable... Legras, un travail sur les employés... Vous
pensez bien, mes pauvres enfans, que je demande plutôt
de l'augmentation pour vous, que des diminutions. Je crois
bien que je n'en obtiendrai pas... Mais, comme il y a un
député qui prétend que nous avons trop, je paralyse le coup,
en disant que nous n'avons pas assez... Dites donc; est-ce
que nous n'allons pas manger la matelote de fin de mois
aux Marronniers? (*Ils font un signe affirmatif.*) Ça passe
sans amendement... à l'unanimité. Voici mes dix francs...
(*A un des employés.*) Tiens, toi, fais la collecte... C'est
pour quatre heures un quart.

TOUS.

C'est dit, quatre heures un quart.

LEGRAS.

Heure militair : cinq minutes de retard, on est à l'a-
mende du Champagne.

CHARLES.

C'est convenu... Messieurs, signez pour six francs.
(*Les employés se forment en groupe. Scène muette.*)

JULES.

Tu me donneras la feuille!

LEGRAS, à *Auguste.*

Eh! bien, mon travail n'est pas encore achevé? A quoi
penses-tu donc?.... Auguste, Auguste, nous nous fâche-
rons!

AUGUSTE.

Je n'ai plus que les dernières observations...

LEGRAS.

Eh! bien, ajoute, résume, conclus, mais finis. (*s'asseyant*) Je crois que c'est un travail qui me fera honneur... (*Il place son chapeau au clou.*) Antoine, donne-moi les journaux.

ANTOINE.

Monsieur, les voici.

(Antoine porte un paquet énorme de journaux.)

LEGRAS.

Donne, donne tout le paquet.

ANTOINE.

Ah! mon Dieu! vous en faut-il, M. Legras!

LEGRAS.

AIR : *Il me faudra quitter l'empire.*

J'en conviens, j'en suis idolâtre,
Je dévore tous les journaux;
Avec eux, je suis au théâtre,
Aux chambres, dans les tribunaux;
Cela, sans sortir des bureaux.
Ou politique ou littéraire,
Traitant des modes ou des lois,
Dans un journaliste je vois,
Un sage ami qui nous éclaire
A raison de cinq francs par mois.

Et même à raison de quatre francs cinquante quand on a la remise... J'aime les petits journaux.... (*en ouvrant un très-grand*) qu'est-ce que c'est que celui-ci? *Le Voleur...* Je crois qu'il prendra... trois quarts d'aune... format anglais... feuille nationale.

JULES, *apercevant Durondin.*

Hé! voilà M. Durondin!

LEGRAS, *sans se déranger.*

L'oncle de mon surnuméraire.

SCÈNE V.

LES MÊMES, DURONDIN.

DURONDIN.

Monsieur Legras, Monsieur le caissier, je vous salue!..

JULES.

Vous n'oubliez jamais le jour de solde.

DURONDIN.

Aux termes de nos conventions...

JULES.

On doit vous payer tous les mois, on n'est pas en retard.

DURONDIN.

Je ne me plains pas.

LEGRAS.

Je crois bien. Nous avons eu deux hivers cette année.

DURONDIN.

Oh! le combustible a été, on ne peut pas dire autrement, mais il a manqué d'être compromis. Est-ce qu'il n'y avait pas une société qui voulait distribuer avec des tuyaux de la chaleur à tout Paris?

LEGRAS.

Ils auraient chauffé toute la capitale au bain Marie.

DURONDIN.

Ils ne savent qu'inventer!.. avez-vous entendu parler des baignoires flottantes?

TOUS.

Qu'est-ce que c'est que cela?

DURONDIN.

Ce sont des voitures d'été, dont le conducteur se trouve dans l'eau jusqu'au cou. Par une mécanique, il court plus vite qu'un Omnibus, à moins qu'une de ses roues ne reste sous le Pont-Neuf, ou n'accroche une arche du pont d'Austerlitz.

LEGRAS.

C'est original!..

DURONDIN.

AIR *à Paris g' n'y a pas d'obstacles.*

Si cette invention prospère,
Ceux qui de courir font leur emploi,
Fraîchement iront à leur affaire
Du champ d'Mars au jardin du Roi,
L'élégant, qui dans son char brille,
Désormais respect'ra le piéton;
En r'vanche, il écras'ra l'anguille
Ou ben éclabouss'ra l'goujon.

JULES.

Ma feuille, Auguste, j'ouvre la caisse... Messieurs, si vous voulez entrer.

DURONDIN, *allant près d'Auguste.*

Ah! ça, mais, Auguste, tu ne m'as encore rien dit...

AUGUSTE.

Mon oncle!..

LEGRAS, *l'arrêtant.*

Il est à son affaire ; ne le dérangez pas... travaille, tra
vaille, mon garçon.

DURONDIN.

Ah ! c'est que j'ai à lui parler... y a-t-il du nouveau ?..
est-il enfin en pied, aux appointemens ?..

LEGRAS.

Comme vous y allez, Monsieur Durondin !

DURONDIN.

Eh ! bien je l'emmène...

AUGUSTE, *paraissant.*

Mon oncle, daignez m'écouter...

DURONDIN.

Je ne veux rien entendre... j'ai travaillé trente ans dans
les coupes, et je n'ai pas envie de manger ce que j'ai gagné
à nourir des commis... moi aussi, je pouvais passer ma vie
sur une chaise, mais la plume n'allait pas à ma main.

Air : *Connaissez mieux le grand Eugène.*

J' suivis la route de l'industrie,
En me disant chaqu' jour il faut
Payer plutôt un droit à la patrie,
Que d'lever sur elle un impôt.
Moi, commis, je verrais maudire
Mon embonpoint, mon appétit,
Et j'craindrais que chacun vint dire :
Tu t'arrondis de ce qui nous maigrit.

Je m'suis armé d'un bon outil, et je t'en ai abattu de la
besogne, plus que tu n'en abattras jamais !

LEGRAS

Il en abat pourtant furieusement !..

AUGUSTE.

Votre mécontentement, mon oncle, vient cependant de
ce que je ne suis pas aux appointemens...

DURONDIN.

C'est un fait. Ce n'est pas ce que tu prendras sur la masse
qui appauvrira la France... si j'étais ministre vingt-quatre
heures, je t'en ferais une fameuse coupe dans la pépinière
d'employés !.. il y a là un tas de vieilles souches... comme
je te ferais sauter tout cela !.. ah ! quel abattis !.. mais, Auguste, tu m'entends ?..

LEGRAS.

Ah! Monsieur Durondin, il y a vraiment de la barbarie
à nous priver...

DURONDIN.

Alors, qu'il obtienne aujourd'hui même une place, ou
bien, je suspends sa pension, et il reviendra au chantier.
Fagots pour fagots, j'aime autant les miens que ceux qu'on
débite ici.

AUGUSTE.

Aujourd'hui même! y pensez-vous?

DURONDIN.

C'est mon dernier mot, et je vais à la caisse.

JULES.

A la caisse, Messieurs.

TOUS.

A la caisse!

REPRISE DU CHŒUR.

Amis, vive les emplois, etc.

(Les employés, le caissier et Durondin entrent à la caisse.)

SCÈNE VI.

LEGRAS, AUGUSTE à la caisse.

LEGRAS, *les regardant partir.*

La caisse c'est le mot le plus agréable du vocabulaire
administratif : fin de mois, époque chérie !

AIR : *Pas d'échasses, de la Porte Saint-Martin.*

Vive
Le retour
D'un si beau jour,
Il nous ravive.
Pourquoi tous les mois,
Ne revient-il pas trente fois ?
Tout le monde est à son poste.
En ces lieux quel mouvement!
Les commis courent la poste,
Quel zèle et quel dévouement!
Chacun vient toucher sa rente,
Mais c'est un faible secours,
On nous paye un jour sur trente,
Quand nous mangeons tous les jours,
Vive, etc.

AUGUSTE, *toujours à son bureau.*

Vous n'allez pas à la caisse?

LEGRAS.

Je suis payé d'hier!... un sous-chef doit toujours donner l'exemple de l'exactitude, j'émarge la veille....... Ah! ça, mon petit Auguste, mets-toi vite au travail, moi, je vais déjeûner; c'est de première nécessité.

AIR *de la Chasse au renard.*

Le vin aiguise et stimule le zèle,
Car le travail à jeun est fatigant,
Le bordeaux rend la plume moins rebelle,
L'esprit plus vif, le style plus coulant.
La table pousse à la philantropie:
Si Richelieu, Colbert, ont su donner
Tant de relief jadis à la patrie,
C'est qu'ils signaient après le déjeûner.

(Montrant son chapeau au clou.)

Si on me demande, je suis là.

(Il sort, Auguste se lève et remonte la scène avec lui.)

SCÈNE VII.

AUGUSTE, *seul.*

Profitons du moment où je suis seul... mon oncle paraît bien décidé à m'emmener. Quel parti prendre? Demander à M. Souplet une place?.... Tant de gens sollicitent qu'à peine fera-t-il attention à ma demande!... Allons, un peu d'espoir et de courage, écrivons-lui. (*Il se remet et écrit en se dictant quelques phrases à voix haute.*) Non, Monsieur, votre imagination ne peut se retracer les souffrances que j'endure.... (*s'arrêtant un moment*) quelles distractions le souvenir de Mlle Joséphine apporte à mes travaux!... le mot J'AIME est le seul qui se présente sous ma plume brûlante...

(Il continue d'écrire quand Legras arrive tout essouflé; Auguste n'a que le temps de cacher sa lettre dans le travail qu'il fait.)

SCÈNE VIII.

AUGUSTE, LEGRAS, *très-vivement.*

LEGRAS.

Auguste! Auguste!

AUGUSTE.

Monsieur Legras. (*Il cache son travail.*)

LEGRAS.

Vite, mon travail! il est sur mes talons...

AUGUSTE.

Qui donc?

LEGRAS.

Monsieur Souplet Nous n'avons pas un instant à perdre.

AUGUSTE.

C'est que j'ai quelque chose...

LEGRAS.

Donne, donne!

AUGUSTE, *à part.*

Et ma lettre!... s'il allait s'apercevoir?...

LEGRAS.

Dieu! comme ça monte vite un secrétaire général!

SCÈNE IX.

LES PRÉCÉDENS, SOUPLET.

SOUPLET, *arrivant et s'asseyant.*

Eh! bien, Monsieur Legras, le travail dont je vous ai chargé est-il terminé?.. j'ai compté sur votre zèle, sur votre facilité.

LEGRAS.

Votre suffrage m'honore autant qu'il m'encourage... (*Il jette un coup-d'œil sur Auguste.*)

SOUPLET.

Votre mérite, mon cher Legras, recevra tôt ou tard sa récompense, vous êtes de ces hommes rares qui ne se démentent jamais, que les circonstances trouvent toujours invariables et fixes.

LEGRAS.

Vous êtes bien bon!.. je puis dire avec orgueil, comme je ne sais quel célèbre publiciste, que, pendant toute ma longue carrière administrative, je n'ai pas écrit un seul mot.... que je voulusse effacer aujourd'hui.

SOUPLET.

Revenons au travail.

LEGRAS.

Revenons au travail...

SOUPLET.

Voyons votre projet!..

LEGRAS.

Voici le plan en question.

SOUPLET, *parcourant le mémoire.*

Vous avez très-bien fait d'écrire tout cela de votre main, j'aurais été fâché que cela traînât dans les bureaux...

LEGRAS.

Vous devez bien penser que, connaissant l'importance de la chose...

SOUPLET, *lisant.*

C'est bien; très-bien !..

LEGRAS.

Je n'ai jamais rien fait avec autant d'entraînement...

SOUPLET.

Vous avez parfaitement suivi mes intentions.

LEGRAS.

Je n'y ai rien mis du mien.

SOUPLET.

Je suis curieux de savoir comment vous aurez traité certaines questions... il s'agissait de juger si les progrès qu'on a fait dans les arts mécaniques, et la multiplicité des machines que l'on a inventées, n'ont pas nui à la population.

LEGRAS *est occupé à lire le travail.*

La question était délicate et épineuse. (*A part.*) Comment diable le surnuméraire se sera-t-il tiré de là ?.. en deux mots, vous demandiez si nous n'avions pas trop de machines, vu la population. Geci est d'un très-haut intérêt. Car enfin, les machines sont très-utiles, et, d'un autre côté, la population est aussi une chose de première nécessité. Car, même pour faire des machines, il faut des hommes. Et si vous leur coupez les vivres, alors plus de peuple, par conséquent, plus d'administrations, plus d'administrateurs, plus de commis, plus de machines; d'où je conclus qu'il faut des administrations pour les machines, et des machines pour les administrations... c'est sans réplique!.. Voilà le seul point de vue sous lequel on pouvait décemment envisager la chose.

SOUPLET, *tournant quelques pages.*

Quelles sont les économies que vous proposez?... Ah! ah! vous réformez une division tout entière!.;.

LEGRAS, *bas à Auguste.*

Comment ! tu réformes une division ?

SOUPLET, *après avoir lu.*

C'est bien..... dès que vous prouvez son inutilité absolue...

LEGRAS.

L'inutilité absolue... Il faut frapper sur les masses.

SOUPLET.

Chef, sous-chef, commis d'ordre, expéditionnaires, appelés à d'autres fonctions.

LEGRAS.

Ah! mon Dieu, oui, tout y passe... inexorable!

AIR : *Heureux habitans*, etc.

A notre réforme,
Il faut que chacun se conforme ;
Chef, sous-chef, commis,
A la retraite sont admis.
Qu'on se plaigne, ou crie,
Je dirai, la philosophie,
Mes enfans, viendra
Consoler ceux qu'on déplaça.
Un vieil employé,
De Rome, de Sparte ou d'Athène,
Jadis renvoyé,
Sans en être contrarié,
Dit : O mon pays je suis fier qu'on t'amène,
Pour prendre mon emploi,
Un meilleur citoyen que moi.
Que de dévouement!
Pour un individu qu'on chasse,
C'est ma foi touchant,
Et c'est vraiment encourageant ;
Mais bien rarement,
Chez nous, celui qui perd sa place,
Prend l'événement
Aussi patriotiquement.

SOUPLET.

Mais, dites donc, Legras... c'est votre division que vous réformez.

LEGRAS, *sautant.*

Qu'est-ce qu'il dit donc là?... (*A Auguste.*) Comment! c'est ma division?

AUGUSTE, *bas.*

Je vous ai porté chef de la troisième.

LEGRAS, *se remettant.*

Je ne transige jamais avec l'intérêt général.

SOUPLET.

Je ne veux pas renoncer à vos services.

LEGRAS.

Vous verrez, chapitre de la troisième division, que j'avais un peu compté sur cette réponse... amour-propre, sans doute...

SOUPLET.

Dites plutôt connaissance de votre mérite. Legras, je vous regarderai toujours comme mon bras droit.

LEGRAS, *à part.*

J'espère que ça déliera la main à Auguste !

SOUPLET, *apercevant Auguste.*

Quel est ce jeune homme ?

LEGRAS.

C'est mon surnuméraire... C'est encore bien jeune, bien léger ; mais sous mon aile, il grandira.

AUGUSTE.

Monsieur, voici deux ans...

LEGRAS.

C'est bon, c'est bon.... L'administration est pleine de bienveillance pour toi ; tu seras conservé... surnuméraire...

SOUPLET.

Dites-moi, mon cher Legras ?

LEGRAS.

Monsieur le secrétaire-général...

SOUPLET.

J'ai chargé le chef de la cinquième de me faire un travail sur sa division ; mais, soit dit entre nous, je ne lui crois pas une tête aussi forte, aussi administrative que la vôtre. Allez le lui demander, vous reverrez cela ; vous me ferez un rapport là-dessus.

LEGRAS.

C'est comme s'il était fait... (*A Auguste.*) Tu entends... le chef de la cinquième... son travail... tu me feras un rapport là-dessus.

SOUPLET.

Je vous accable, mon cher Legras, je vous accable !

LEGRAS, *frappant sur l'épaule d'Auguste.*

Ne vous gênez pas, nous avons le dos bon.

SOUPLET.

Eh ! bien, allez sur-le-champ.

LEGRAS.

J'y cours... (*A Auguste.*) Dépêche-toi... Si on me demande, je suis au billard.

AIR *de Fiorella.*

A l'ouvrage,
Bon courage.

C'est mon/son refrain.

Bien vite en train.
A l'ouvrage,
L'homme sage,
Ne remet rien au lendemain.

ENSEMBLE.

A l'ouvrage, etc.

(Reprise en chœur. Legras et Auguste sortent.)

SCÈNE X.

SOUPLET, seul.

C'est une forte tête que ce Legras; il fait sa besogne sans
que personne s'en aperçoive; on ne le voit jamais travailler, et son ouvrage est toujours fait à point nommé... Ex-
cellent employé! (*Apercevant la lettre commencée par Auguste.*) Qu'est-ce que c'est que cette feuille? quelques idées
administratives jetées par Legras... Mais c'est une lettre...
mon nom... celui de ma nièce. Que diable Legras peut-il
avoir à m'écrire? lui qui, toute la journée, reste auprès de
moi... Une déclaration d'amour!... (*Il lit avec peine*) « Les
« souffrances que j'endure... la passion... ma plume brû-
« lante. » Mais, je n'en reviens pas! que ne le disait-il? Antoine, appelez M. Legras; il est à la cinquième division.

ANTOINE.

J'y vais, Monsieur. (*A part.*) Cinquième division... je
sais ce que c'est... café en face.

(*Antoine sort.*)

SOUPLET.

Quelle exaltation pour son âge!... quel enfantillage!...
quelle timidité!... j'aurais volé au-devant de ses vœux.

SCÈNE XI.

SOUPLET, puis LEGRAS.

SOUPLET.

Singulier corps que ce Legras!... et son caractère est

tel, qu'il faut encore prendre des précautions pour lui annoncer une bonne nouvelle. Il est ombrageux en diable ! Le voici !...

LEGRAS, *arrivant.*

Je suis à vos ordres. (*A part.*) C'est désagréable... il m'a fait manquer le plus joli carambolage...

SOUPLET.

Regardez-moi, Legras... n'avez-vous rien à me dire ?

LEGRAS.

Rien, Monsieur, rien, je vous assure. (*A part.*) Que diable veut-il que je lui dise ?

SOUPLET.

Et moi, je soutiens que vous avez une confidence à me faire. Je sais de vos nouvelles.

LEGRAS, *à part.*

Est-ce qu'Auguste aurait bavardé ?

SOUPLET.

Ce n'est pas bien de m'avoir caché cela si long-temps.

LEGRAS.

Monsieur, je vous assure...

SOUPLET.

Ne faites plus le discret.

LEGRAS, *à part.*

Il sait peut-être l'histoire du chapeau ? (*Presque haut.*) Dans tous les cas, mon travail n'en a jamais souffert.

SOUPLET.

Et comme vous en convenez vous-même dans la lettre...

LEGRAS.

Dans la lettre ?...

SOUPLET.

Oui, dans la lettre... (*Sérieusement.*) Dites-moi, Monsieur...

LEGRAS, *à part.*

Ah ! quel œil !

SOUPLET.

Quel âge avez-vous ?

LEGRAS, *à part.*

Nous y voilà !... Il cherche à me faire admettre à la pension ; je suis victime d'une économie, c'est sûr. (*Haut.*) Je suis de 79, tout au plus, mais l'âge n'y fait rien. Je suis encore vert ; l'œil est bon. Je lis avec facilité les plus imperceptibles expéditions....

SOUPLET.

Vous éloignez la question..... N'avez-vous jamais été amoureux ?

LEGRAS.

Amoureux? (*A part.*) Où diable veut-il en venir? (*Haut.*) Amoureux!... je ne dis pas. Certainement. . dame! à l'occasion... on est homme, on n'est pas de pierre...

SOUPLET.

Et vous avez sans doute pensé à vous marier ?

LEGRAS.

Me marier!... Moi, prendre femme, faire partager à Mme Legras les soucis bureaucratiques, la livrer aux craintes continuelles d'une disgrâce, ou aux chances d'une non-activité... L'employé non marié est bien plus heureux..., il promène sa plume indépendante d'administration en administration. Remercié au ministère, il frappe à l'agence ; expéditionnaire cosmopolite, il porte des bureaux publics aux caisses particulières la ligne droite du tableau figuratif, ou la courbe gracieuse de l'accolade anglaise. Lorsque quatre heures sonnent, sans inquiétude sur l'appétit toujours renaissant d'une nombreuse famille, il va satisfaire le sien, sans penser à celui des autres. Et sur le coup de six à sept, il risque au domino la canette de bierre flamande, sans détourner de son budget la somme applicable au guimgamp glacé du vêtement conjugal.

SOUPLET.

Un pareil discours a lieu de me surprendre, dans votre bouche.

LEGRAS.

Je vous avoue que ce que vous me dites n'a pas moins lieu de m'étonner. Vous me parlez de mon âge, d'amourettes, de mariage ; je crois assez deviner vos intentions. La réforme me pend à l'oreille... Abordons franchement la question...

SOUPLET.

Eh! qui parle de vous réformer?... Remettez-vous, Legras, je ne viens pas ici vous faire une querelle d'Allemand.. Je sais, mon cher ami, quelle distraction la passion peut vous causer... Mon imagination comprend les souffrances que vous endurez...

LEGRAS, à *part.*

Les souffrances que j'endure!...

SOUPLET.

Si le mot *j'aime* se présente sous votre plume brûlante...
vous pouvez le laisser aller à son adresse .. (*le fixant un
moment.*) Vous êtes là timide comme un écolier!... Il est
bien naturel qu'on ne puisse voir ma nièce Joséphine, sans
en devenir amoureux.

LEGRAS, *à part.*

Sa nièce Joséphine!... Ah! quel éclair!... Il veut
m'attacher à lui par une alliance. ...

SOUPLET.

Ma nièce est jolie! (*Legras sourit.*) C'est un parti que je
crois assez avantageux pour qu'on s'honore de la recher-
cher. (*Legras sourit.*) Allons! ne vous défendez plus; j'ai
surpris votre secret, vous aimez ma nièce, j'en ai des
preuves...

LEGRAS, *à part.*

Dès qu'il le veut, je ne suis pas fait pour démentir mon
chef... Du moment qu'il a des preuves...

SOUPLET.

Eh! bien?

LEGRAS.

Puisque vous l'avez deviné... j'aime Mlle Joséphine, je
l'adore même... (*A part.*) Si cela peut lui être agréable.
(*Haut.*) J'en suis fou!...

SOUPLET.

Allons donc!... on a bien du mal!... Ah! vous en êtes
fou?

LEGRAS.

Le mot est lâché!... j'en suis fou!... c'est-à-dire, qu'il
y a là une sorte d'attraction, d'entraînement... Enfin, ma
parole d'honneur, j'en suis fou!

SOUPLET.

Vous n'êtes donc plus l'ennemi du mariage?

LEGRAS.

L'ennemi du mariage, quelle question!... Est-ce qu'un
homme qui veut remplir son coin dans le cadre social peut
se permettre?... Le mariage!... c'est la plus belle des ins-
titutions!... c'est-à-dire qu'on ne la comprend pas encore
assez bien en France... Les Turcs!... tenez, voilà des
gaillards!...

SOUPLET.

Taisez-vous donc!...

LEGRAS.

Je vous demande pardon... les Turcs.

SOUPLET.

L'original!... Allons, allons, je vois quel sort attend ma Joséphine. Vous m'entendez, vous me comprenez, elle est à vous.

LEGRAS, *avec un faux enthousiasme.*

Arrêtez! arrêtez! j'en perdrai la tête... Ah! quelle émotion!... J'ai besoin de comprimer cet élan... O Joséphine! j'épouserai Joséphine!

SOUPLET.

Modérez vos transports! (*Antoine annonce Mme Souplet.*) Voici ma femme, je vais entamer la question.

SCÈNE XII.

SOUPLET, MADAME SOUPLET, LEGRAS, AUGUSTE.

MAD. SOUPLET, *à Auguste, en entrant.*

Comptez sur moi, mon cher Auguste, je me charge d'arranger cette affaire avec M. Souplet.

SOUPLET.

Ah! c'est toi, ma chère amie, tu ne pouvais venir plus à propos... Mais où est donc ma Joséphine?

LEGRAS.

Notre Joséphine?

SOUPLET.

Ne devais-tu pas l'aller chercher à sa pension?

MAD. SOUPLET.

Elle est arrivée. Mais j'ai à m'entretenir à son sujet avec vous. J'ai en vue pour elle un établissement; et je veux, avant tout, être assurée que cette union aura votre agrément.

SOUPLET, *à Legras.*

Est-ce que vous avez parlé de quelque chose à ma femme?

LEGRAS.

Je n'en ai pas ouvert la bouche. Ma physionomie expressive m'aurait-elle trahie?

SOUPLET.

Je ne doute pas, ma chère amie, que tu n'ai fait un choix convenable. Je t'avouerai que, de mon côté, j'ai aussi pensé au mariage de ma nièce...

Mad. SOUPLET.

Vous, Monsieur ! (*riant*) renfermé dans la sphère étroite du bureau, pouvez-vous avoir la prétention de choisir convenablement un mari?... Une pareille rencontre ne se fait que dans une longue observation du monde, dans une continuelle inspection de cette masse intéressante de célibataires qni circulent dans les bals, dans les fêtes, dans les concerts; qu'on trouve partout où il y a un plaisir à saisir et une jolie femme à captiver.

SOUPLET.

Il paraît que j'ai joué de bonheur, car, sans sortir de mon fauteuil, j'ai trouvé un parti. Je n'ai eu qu'à jeter un regard à côté de mon bureau. (*Legras tresaille de joie.*)

Mad. SOUPPET, à *Auguste.*

Est-ce que vous avez déclaré votre amour à mon mari?

AUGUSTE, à *Mad. Souplet.*

Jamais je n'aurais osé, Madame !

Mad. SOUPLET, à *part.*

L'aurait-il deviné?... La personne que je protége est un employé instruit et actif. (*Auguste s'incline.*)

SOUPLET.

Mon protégé deviendra un de nos meilleurs hommes de plume.

LEGRAS, *s'inclinant.*

Ah! ne parlons pas de cela!...

Mad. SOUPLET.

Galant cavalier, fonctionnaire laborieux.

AUGUSTE et LEGRAS.

Ah! Madame !

SOUPLET.

Ma nièce trouvera en même temps un administrateur éclairé...

Mad. SOUPLET.

Un sage presqu'encore à l'âge de l'étourderie.

SOUPLET.

Un industriel...

Mad. SOUPLET.

Un économiste...

SOUPLET.

Un philantrope !

LEGRAS, *hors de lui.*

Ah! monsieur le secrétaire-général, vous m'accablez,

vous m'accablez... souffrez que je me retire... (*Il s'éloigne en faisant un cercle autour de M. et de Mad. Souplet ; il la salue profondément, prend la main d'Auguste, et lui dit :*) Auguste, mon cher Auguste ! je suis le plus heureux des hommes ! (*Il sort.*)

SCÈNE XIII.

SOUPLET, Mad. SOUPLET, AUCUSTE.

SOUPLET.

Restez, restez donc, Legras !

Mad. SOUPLET.

Il me semble que la présence de vos employés... n'est pas fort nécessaire pour traiter nos affaires de famille...

SOUPLET.

Il serait assez difficile que celle dont nous nous occupons se traitât sans lui !...

Mad. SOUPLET.

Et à quoi bon, je vous prie ?

SOUPLET.

La question est originale !

Mad. SOUPLET.

N'auriez-vous pas l'intention de nommer un tuteur à Auguste quand il épousera Joséphine.

SOUPLET.

Qu'est-ce que vous dites ? je ne comprends pas !... Auguste, Joséphine...

Mad. SOUPLET.

Et de qui faisiez-vous l'éloge, il n'y a qu'un moment... n'était-ce pas ?...

SOUPLET.

De Legras... mon sous-chef, qui est fou de Joséphine...

AUGUSTE, à *part*.

Legras !...

SOUPLET.

Ce n'était donc pas pour lui que vous sollicitiez mon consentement ?

Mad. SOUPLET.

Pour cet original !... non, Monsieur, c'était pour Auguste... Je ne suis point de ces femmes empressées d'éloigner leur nièce, pour éviter tout point de comparaison, qui froisse l'amour-propre. Je ne me séparerai de Joséphine que lorsque je verrai son bonheur assuré.

SOUPLET.

Et vous présentez un surnuméraire?

MAD. SOUPLET.

Il ne faut qu'un trait de plume pour en faire un employé; il me convient que ce soit le plus tôt possible, aujourd'hui même!...

SOUPLET.

Il y a peu de travail dans nos bureaux.

MAD. SOUPLET.

Aussi n'est-ce pas du travail que je demande pour Auguste; c'est une place en qualité de fournisseur, son oncle a quelque droit...

SOUPLET.

Il a droit au réglement de comptes, quand son bois est livré... voilà tout...

MAD. SOUPLET.

Auguste fera partie de la deuxième division.

SOUPLET.

Je la supprime demain.

MAD. SOUPLET.

Vous supprimez la deuxième division!.. c'est trop fort!

AUGUSTE.

Cessez, Madame, de me donner plus long-temps les preuves de l'intérêt que vous me portez. Si je suis jugé par par Monsieur indigne d'avancement, je me résignerai. J'ai cru pouvoir aspirer au rang d'employé, je ne descendrai pas au rôle de solliciteur importun... (*Il se retire tristement.*)

SCÈNE XIV.

SOUPLET, Mad. SOUPLET.

MAD. SOUPLET.

Charmant jeune homme! je ne serais pas étonnée qu'il ne parvienne pas... Dans les bureaux, on aime mieux un expéditionnaire qu'un homme d'esprit! (*Revenant à M. Souplet.*) Supprimer la deuxième division! tous hommes charmans! des peintres des danseurs, des musiciens, l'élite de l'administration.

AIR *du Pot de fleurs.*

Eh quoi! monsieur, les peintres, les poètes,
Sans nul égard chassés de vos bureaux!
Qui fera donc, pour nos bals et nos fêtes,
Des couplets, des quadrilles nouveaux.

Votre chef de correspondance,
Écrit très-mal, mais quelle voix !
Votre caissier calcule avec ses doigts,
Mais qu'il est gentil quand il danse !

Quand donc saurez-vous apprécier cette classe aimable, qui sème des fleurs même sur le chemin de la bureaucratie !...

SOUPLET.

Des économies indispensables...

MAD. SOUPLET.

Voilà le grand principe ! des économies... Et je ne sais lequel doit redouter davantage ce mot, des employés ou des femmes en puissance de mari... J'espère bien au moins que vos économies ne seront point un obstacle au bal que je donne samedi... Il me faudra deux hautbois et six expéditionnaires. Pour éviter la confusion, le commis d'ordre sera commissaire, nous répéterons les quadrilles à une heure, je n'abuserai pas de votre bienveillance, le jour de la répétition, je vous renverrai vos employés à trois heures trois quarts... Ils auront encore un bon quart-d'heure à donner au bureau.

SOUPLET.

Cessez, je vous prie, de vous croire ici dans votre salon... Vous devriez cependant avoir plus à cœur...

MAD. SOUPLET.

De respecter les mœurs administratives, n'est-ce pas ?... Ah ! M. Souplet, que vous êtes changé ! quelle leçon pour les femmes qui protégent leurs époux !

SOUPLET.

AIR : *Fragment de Figaro* (Mozart).
De ce bureau retirez-vous, de grâce,
Ou bien, ici, je vous cède la place.

MADAME SOUPLET.

Si bon vous semble Ah ! cédez-moi la place ;
De vos travaux je veux suivre la trace.

SOUPLET.

C'est une horreur.

MADAME SOUPLET.

Ah vous avez beau faire,
Je montrerai du caractère,
Bientôt, bientôt, mon cher époux,
Vous deviendrez (*Bis.*) plus doux.

ENSEMBLE.

De mon bureau, etc.

(M. Souplet entre dans un bureau.)

SCÈNE XV.

Mad. SOUPLET.

Décidément, M. Souplet prend à cœur de ne suivre en rien mes instructions. Ah! qu'il prenne garde!... je, le destituerai; il ne peut nier l'influence de notre sexe dans la diplomatie.

Air *Auglais.*

Vous que le destin accueille,
Et pousse vers la grandeur,
Songez à la main qui cueille
Les lauriers de la faveur.
Que de placets, je pense,
Sont pour le bien général,
Repoussés à l'audience,
Et signés pendant le bal.
Vous que le destin accueille, etc.

C'est après une romance
Que Souplet fut commis: Eref,
Rédacteur pendant la danse;
A la walse il fut sous-chef.

Vous que le destin accueille, etc.

SCÈNE XVI.

Mad. SOUPLET, JOSÉPHINE

JOSÉPHINE.

Ah! mon Dieu! ma bonne amie, vous avez donc tout dit à mon oncle? Il vient de me gronder... de me gronder. Il m'a défendu de voir M. Auguste, de lui parler... J'obéirai; mais ça ne m'empêchera pas de penser à lui. C'est pour moi, pour moi toute seule, que depuis plus de deux ans il travaille avec tant de zèle et d'assiduité. Il finira par se lasser et donner sa démission.

Mad. SOUPLET.

Sa démission!

JOSÉPHINE.

Sans doute! et il sera regretté de tout ceux qui le connaissent.

Air : *On dit que je suis sans malice.*

Qoique simple surnuméraire,
A tout le monde il a su plaire,
Et je crois que personne ici
Ne saurait se passer de lui.

Dans mon cœur, ce qui m'embarrasse,
Auguste occupe une autre place,
Et je ne puis, avec raison,
Accepter sa démission.

MAD. SOUPLET.

Rassure-toi, ma chère Joséphine ; nous allons trouver
M. le directeur-général, et j'apprendrai à mon mari qu'il
n'est en place que pour faire mes volontés.

(Elles entrent dans le cabinet.)

SCÈNE XVII,

ANTOINE, LEGRAS.

ANTOINE.

Le directeur-général !... Elle est étonnante, madame
Souplet ; tout de suite les moyens extrêmes. (*A Legras.*)
Eh ! bien, vous partez déjà, M. Legras?

LEGRAS, *tirant sa montre.*

Quatre heures précises... Je vais comme la ville, et mon
estomac comme le canon du Palais-Royal.

ANTOINE.

Vous êtes à la minute !

LEGRAS.

Toujours, et aujourd'hui plus que jamais. Songe donc
que notre dîner n'est pas commandé, et quand on s'est mis
une fois à la discrétion des restaurateurs, il faut de la ponc-
tualité. Si vous êtes de cinq minutes en retard, votre ser-
viteur très-humble ; il n'y a plus ni financière, ni filets mi-
gnons ; vous êtes obligés de vous jeter sur la tête de veau,
ou de retomber sur les pieds de mouton. Mais où sont donc
nos jeunes gens ?

ANTOINE.

Les voici qui sortent de la caisse avec M. Durondin.

SCÈNE XVIII.

LES MÊMES, DURONDIN.

(Auguste, les employés, chacun une bourse ou de l'argent à la
main.)

CHŒUR.

Le plaisir nous commande,
Courrons aux Marronniers.
Sauvons nous de l'amende ;
Tant pis pour les derniers.

JULES.

Nous compléterons un omnibus.

AUGUSTE, *à part à Antoine, lui donnant de l'argent.*

Tiens, prends... et remets cette lettre à M. Souplet...
Adieu, mon garçon !

ANTOINE.

Comment ! vous nous quittez, M. Auguste.

AUGUSTE.

Oui, vas vite...

(Il va lui remettre la lettre.)

DURONDIN.

Oui, je l'emmène... Sortons.

LEGRAS.

Emmener, qui ? Auguste... nous ne le souffrirons pas.

TOUS.

Non, non...

DURONDIN.

Il n'a plus rien à faire ici.

LEGRAS.

Je vous demande bien pardon ; il a beaucoup à faire.

AUGUSTE.

Vos instances sont inutiles ; j'ai donné ma démission, et
je ne suis plus des vôtres.

LEGRAS.

Allons... un mouvement d'humeur ; je connais cela...
Eh ! bien, soit, tu n'es plus du bureau ; mais tu es toujours
de la matelotte... Venez avec nous, M. Durondin, nous
arrangerons tout cela.

AIR *de M. Vergne.*

Que la gaîté nous accompagne
Jusqu'à la Rapée avec nous ;
Entre le Bordeaux, le Champagne,
Nous nous occuperons de vous.

DURONDIN.

Non, non, au diable vos goguettes :
Nous perdrions encor not'temps :
Vos gens en plac'sont des coquettes
Qui font soupirer trop long-temps.

EN CHŒUR.

Que la gaîté, etc.

SCÈNE XIX.

LES PRÉCÉDENS, SOUPLET, *une lettre à la main.*

SOUPLET.

M. Legras, restez... j'ai à vous parler. Que veut donc cet original; quel nouveau caprice lui a passé par la tête!

LEGRAS, *aux commis.*

Attendez-moi un instant... (*Haut.*) Monsieur, me voilà à vos ordres.

SOUPLET.

Ah! ça j'espère, Monsieur, que vous allez enfin une donner l'explication de votre conduite.

LEGRAS.

Comment! ma conduite...

SOUPLET.

Prétendez-vous me rendre l'objet d'une mystification?

LEGRAS.

Moi, Monsieur, vous mystifier!

SOUPLET.

Oui, Monsieur; n'était-il pas question de votre mariage avec ma nièce?

LEGRAS.

Il paraît qu'il ne veut plus...

SOUPLET.

J'avais consenti à cette union, et au moment où tout est d'accord, vous m'envoyez votre démission.

LEGRAS.

Moi, Monsieur!

SOUPLET.

Oui, Monsieur, d'une manière aussi inconvenante que déplacée... Eh! bien, Monsieur, je l'accepte.

LEGRAS.

Comment! comment! vous l'acceptez?

SOUPLET.

Vous ne faites plus partie de l'administration!

AUGUSTE.

Que signifie!...

(*Les employés s'approchent.*)

LEGRAS.

Ah! ça, entendons-nous...

SOUPLET.

Expliquez-moi vous-même ce que veut dire cette lettre de votre écriture?

AUGUSTE.

Je conçois la méprise.

LEGRAS.

Je veux être toute ma vie sans emploi si je vous ai écrit, je dirai même, si j'ai jamais écrit ici une seule ligne.

SOUPLET.

S'il m'a écrit... Mais, de qui donc est cette lettre?

LEGRAS, *la prenant.*

Pardi! elle est d'Auguste!... S'il lisait les lettres jusqu'à la fin.

SOUPLET.

En effet, cette signature!...

AUGUSTE.

Est la mienne.

SOUPLET.

Ainsi ce brouillon trouvé...

AUGUSTE.

Est celui d'une demande que je n'osais vous adresser verbalement.

SCÈNE XX.

LES PRÉCÉDENS, MADAME SOUPLET, JOSEPHINE. (*Elles se tiennent à l'écart.*)

SOUPLET.

Ah! ça, M. Legras, que veniez-vous donc me chanter de votre amour?

LEGRAS.

M. le secrétaire-général, j'ai l'honneur de vous faire observer que c'est vous, vous seul qui avez voulu que je fusse amoureux et que j'acceptasse la main de votre nièce, en récompense de mes longs et pénibles travaux.

SOUPLET.

Alors, ce travail pour lequel je vous accablais d'éloges...

AUGUSTE.

Était de moi, monsieur!

SOUPLET.

Ainsi, c'est M. Auguste qui fait la cour à ma nièce, et les mémoires à M. Legras?

AUGUSTE, *avec fausse modestie.*

Les comptes du caissier...
(Souplet jette un coup-d'œil au caissier qui s'incline.)

AUGUSTE.

Les copies de l'expéditionnaire...
(Même jeu de Souplet et de Jules.)

AUGUSTE.

Et quelquefois les courses du garçon de bureau...
(Même jeu de Souplet et d'Antoine.)

MAD. SOUPLET.

Ainsi, c'est le surnuméraire qui fait tout! M. le directeur général espère que M. Souplet voudra bien faire quelque chose pour lui?

SOUPLET.

Et M. Legras, qu'est-ce qu'il fait donc?

LEGRAS.

Je fais comme vous.

SOUPLET.

Comment l'entendez-vous, Legras?

LEGRAS.

Je l'entends... dame (*très-respectueusement*)! Ça n'a pas deux manières de s'entendre, d'après la haute considération et les sentimens distingués avec lesquels j'ai l'honn...

SOUPLET.

C'est bon, c'est bon; je vois qu'il y a plus de réformes à faire que je ne pensais.

MAD. SOUPLET.

Allons, mon ami, il ne faut pas être trop sévère...

SOUPLET.

Je suis enchanté que cette circonstance m'ait mis à même d'apprécier le talent de ce jeune homme... Je me charge de son avancement; et si M. Durondin donne son consentement au mariage...

DURONDIN.

Nous renouvellerons le marché de chauffage et je consens à tout...

LEGRAS.

Ah! ça, moi, je consens aussi, à rester garçon et à rester en place; mais il me faut un autre surnuméraire, j'en ai un petit en vue qui a une assez belle main, cinq jours à la calligraphie, méthode Bernardet, et il fera parfaitement mon affaire... Pardon Monsieur le secrétaire général, nous avons une certaine matelotte qui nous réclame...

33

Mad. SOUPLET.

Vous remettrez, Messieurs, cette partie et vous me ferez j'espère le plaisir de passer le reste de la journée chez moi... et d'assister à notre fête de ce soir.

LEGRAS.

Ah! Madame... trop d'honneur .. allons mes enfans, à demain la souscription en faveur de la matelotte. Noùs dinons et dansons aujourd'hui chez Monsieur le secrétaire général.

SOUPLET.

Encore un bal ce soir!...

Mad. SOUPLET.

Oh! mon Dieu, oui... c'est passé à la signature.

AIR : Voilà comme ça s'arrange.

DURONDIN.

Tout s'perfectionne aujourd'hui ;
Dans l'art de vivre l'on s'exerce ,
Chacun croit trouver un appui
Dans un'nouvell' branche de commerce.
Pour facilliter, à présent ,
Des faillit's de plus d'un'nature
Maint créancier, trop complaisant ,
Pour un écu prête un serment ,
Et pour six francs un'signature.

ANTOINE.

Il faut signer à tout moment ;
On signe quand on se marie ,
On signe pour fair'son testament.
Bref, on sign' tout l'long de la vie.

Mad. SOUPLET.

Ninon fit jadis un billet ,
Valeur recevable en constance ;
La Châtre, porteur de l'effet ,
Dut bien redouter l'échéance !
Pour s'acquiter Ninon devait
Thésauri ser, la règle est sûre ,
Mais son cœur toujours dépensait ;
Il ne put, passant son budjet ,
Faire honneur à sa signature.

AUGUSTE.

La France enfin va protéger
Le sol des arts... Fils de la Grèce
Le bruit des fers va se changer
En cris de gloire et d'allégresse.

3

La terre où Byron expira
Sera libre, tout nous l'assure :
La main royale s'étend là...
Trente mille Français déjà
Vont appuyer sa signature.

LE GRAS, *au public.*

Le travail qui m'était remis
Est terminé, sans aucun doute ;
Mais dans les bureaux être admis,
C'est être à moitié de la route.
Ah ! qu'un paraphe, par faveur,
Me soit donné... Qu'aucun murmure
N'annonce à mon solliciteur
Que sa demande est, par malheur,
Accrochée à la signature.